Not Mania !
THE DENIM BOOK

stylist

AYA KANEKO

JN216022

KADOKAWA

About
Denim...

SMYTHSON

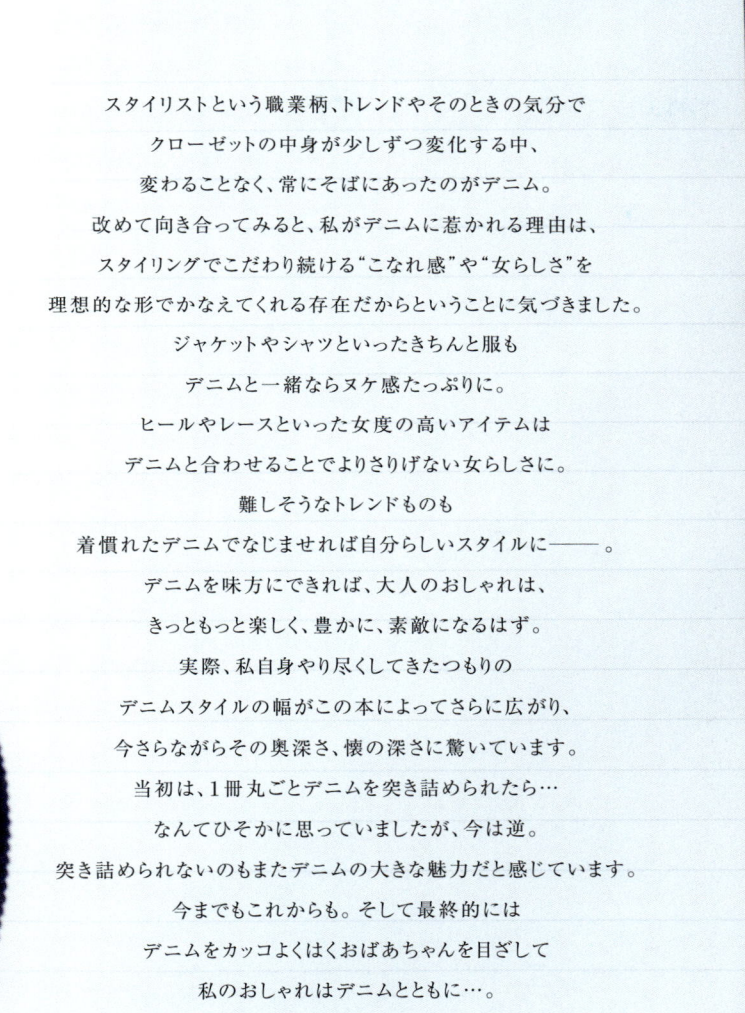

スタイリストという職業柄、トレンドやそのときの気分で
クローゼットの中身が少しずつ変化する中、
変わることなく、常にそばにあったのがデニム。
改めて向き合ってみると、私がデニムに惹かれる理由は、
スタイリングでこだわり続ける"こなれ感"や"女らしさ"を
理想的な形でかなえてくれる存在だからということに気づきました。
ジャケットやシャツといったきちんと服も
デニムと一緒ならヌケ感たっぷりに。
ヒールやレースといった女度の高いアイテムは
デニムと合わせることでよりさりげない女らしさに。
難しそうなトレンドものも
着慣れたデニムでなじませれば自分らしいスタイルに――。
デニムを味方にできれば、大人のおしゃれは、
きっともっと楽しく、豊かに、素敵になるはず。
実際、私自身やり尽くしてきたつもりの
デニムスタイルの幅がこの本によってさらに広がり、
今さらながらその奥深さ、懐の深さに驚いています。
当初は、1冊丸ごとデニムを突き詰められたら…
なんてひそかに思っていましたが、今は逆。
突き詰められないのもまたデニムの大きな魅力だと感じています。
今までもこれからも。そして最終的には
デニムをカッコよくはくおばあちゃんを目ざして
私のおしゃれはデニムとともに…。

Aya Kaneko

SMYTHSON

KANEKO's
DENIM THEORY

デニムはきっと自由で正解がないもの。だからセオリーと言うと
少し大げさですが…、これが私なりのデニムとの向き合い方。

デニムは最も身近な日常着
楽しむために
マニアにならない

今でこそハイブランド発のものもありますが、基本的に
デニムは2万円前後で買えるカジュアルなデイリー
服。私自身は王道のデニムブランドや高いもの、レアな
ものにこだわるマニア目線は必要ないような気がして
います。身近な洋服ブランドのものでも、古着でも、ファ
ストブランドでも…、大切なのはシンプルにそのデニ
ムがはきたいかどうか。あまり難しく考えないほうが、
デニム選びも着こなしも楽しめると思います。

SMYTHSON

カジュアルだからこそ何でもあり
自由なミックスが
デニムを生かす

フォーマル服に正しい着方があるのと反対で、カジュアルなデニムには合わせてはいけないものも、やっちゃいけない着方もないと私は思います。ヒールでキレイめに、シャツで大人っぽく…と鉄板の着こなしルールを知っておくことも大切ですが、それに縛られる必要もなくて。単純に"好き"、"着てみたい"、"合わせてみたい"の感覚に素直に従ってみることも大事。デニムにはそれを受け止める器があるし、そんな冒険の先に"自分らしいスタイル"がある気がします。

大人が素敵に見えるかどうかの分かれ道
女らしさだけは
ゆずれない

なにをどうミックスしてもあり！ 規制を設けない自由なデニムスタイルの中で、私が唯一意識するのが"女らしさ"。デニムに限らず基本どんなコーディネートのときでもそうですが、カジュアルでメンズのイメージが強いデニムのときはなおさら。それは華奢なヒールだったり、肌見せバランスだったり、ヘア＆メーク、もちろん気持ちの面でもいい。必ずどこかに"女らしい"ニュアンスを漂わせる。それだけはゆずれない。

SMYTHSON

CONTENTS

Chapter 1

My basic denim
— 金子流スタイルを作る6つのデニム —

Column 金子流着こなしルール

Denim style, my style
― 自分らしいデニムスタイルの見つけ方 ―

Denim forever
― おしゃれの幅を広げるデニムの可能性 ―

DENIM SNAP48!

denim SOSO PHLANNEL
coat FUMIKA UCHIDA
bra Reebok
bag MUUN
shoes MANOLO BLAHNIK
ring the Car

denim **GALERIE VIE**
cutsew **Le minor**
bag **HERMÈS**
shoes **MANOLO BLAHNIK**
bangle **HERMÈS**

denim LEVI'S(MELANGE)
jacket **Drawer**
tee **Hanes**
bag **vintage**
shoes **VALENTINO**
sunglasses **Ray-Ban**
watch **ROLEX**

denim **BLACK BY MOUSSY**
cardigan **agnès b.**
bag **no brand**
shoes **CONVERSE**
casquette **BURBERRY**
sanglasses **Ray-Ban**
bangle **Sheta**

denim **chimala**
coat JOURNAL STANDARD L'essage
tee FRAMeWORK
bag CHANEL
shoes Gianvito Rossi
turban HIGHLAND2000

Chapter 1

My basic denim

—— 金子流スタイルを作る6つのデニム ——

type 1
はくだけでこなれる
フォトジェニックデニム

DAMAGE
DENIM

いいクラッシュ具合のものを見つけるとつい買いたくなる…。
私のダメージデニム好きはもう本能みたいなもの。
流行に関係なくずっとはいています。
ただそれだけでコーディネートがこなれて見える
フォトジェニック効果はダメージデニムにしかない魅力。
イカついパンチをそのまま生かすのではなく、
その"パンチによって引き立つ女らしさ"がすごく私好み。
だからいつだって合わせたくなるのは、真逆にある華奢なもの。
キャミやタンク、ピンヒール…etc.
もちろんスニーカーという選択肢はなし。
色にもこだわりがあって、濃い色より断然薄い色。
淡色の方がダメージが悪目立ちせず、
女らしいスタイリングにハマりやすい気がします。

最愛は古着屋シカゴで買ったユーズドの
リーバイス。サイズ感、クラッシュ加減、
色み…すべてがパーフェクトな運命の一
本です。タグがなくなってしまっているの
で型はもはや不明。体になじんでいるの
ではき心地も抜群です。

1DENIM / 6LOOK

金子的ダメージデニムの着回し

[type1 - DAMAGE DENIM]

01

シャープでモードな"黒色"、女度の高い"レース"。くたびれた味のあるダメージデニムとは対極にあるふたつのテイストを投入。程よく無難にハズすのではなく、思いっきり振り切ったハズしでそのギャップを楽しみます。

denim LEVI'S(CHICAGO)
tops Whim Gazette
cardigan agnès b.
bodysuits BASERANGE
shoes MANOLO BLAHNIK
cap Ron Herman
watch G-SHOCK
ring MARIHA, TIFFANY&Co.

02

ダメージデニムを程よくきちんと見せるのに効果的なのがジャケット合わせ。インナーをキャラTにすることでささやかな遊びを。全体を淡色トーンでまとめて、黒小物で締めるのもポイント。

denim **LEVI'S(CHICAGO)**
jacket **GOLDEN GOOSE DELUXE BRAND**
tee **used(CHICAGO)**
bag **COACH**
shoes **HENRY&HENRY**

03

甘めでコンサバなギンガムチェックも、ダメージデニムと合わせることでこなれ感漂う"今"のスタイルに。腰に巻いたボーダー、モコモコバッグ、サスペンダーと小物を盛って自分らしく味付け。

04

お互いを引き立て合う深いブラウンと淡いブルーは、大人にこそ似合うシックな配色。チラッと見え隠れする華奢なチェーンベルト、ヌーディなサンダルで細部に女らしさをちりばめて。

[type1 - DAMAGE DENIM]

denim LEVI'S(CHICAGO)
shirt Deuxième Classe
cardigan agnès b.
bag Maison Margiela
shoes ARTISANAT FRANÇAIS
suspenders American Apparel

denim LEVI'S(CHICAGO)
cardigan J.Crew
bag LOUIS VUITTON
shoes MANOLO BLAHNIK
hat BLUE WORK
belt TOMORROWLAND

05

異なるテイスト、素材、色、シルエット…をレイヤードして、デニムならではの自由なムードを楽しんで。最後に羽織るニットガウンが、個性豊かなアイテムたちをバランスよくまとめてくれる。

06

尻込みするような派手色も、デニムと一緒なら着られるから不思議…。特に女っぽいピンクには、男度の高いダメージデニムくらいがちょうどいい。無骨な布ベルトも、逆説的な色気の演出のひとつ。

[type1 - DAMAGE DENIM]

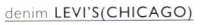

denim LEVI'S(CHICAGO)
cardigan Luftrobe
jacket ALLSAINTS
knit GALERIE VIE
bag vintage
shoes repetto

denim LEVI'S(CHICAGO)
knit Drawer
cutsew MACPHEE
bag HERMÈS
shoes BOTTEGA VENETA
belt Santa Monica
watch ROLEX

DAMAGE DENIM

トレンドや年齢を超えて
ヘビロテしているスタメンたちがこちら。
以前は濃い色もありましたが、
大人になった今は断然淡色が好みです。
苦手なイメージのあったホワイトデニムも
ダメージがあればのっぺり見えず
着こなしが甘くならないことを最近発見。
ワードローブに新たに加わりました。

1.

2.

I. GAP

ほんのりゆるいガールフレンドシルエッ
トで、キレイにはけます。ひざ下をすっ
きり見せる計算されたダメージ位置と
色落ち具合でこなれた印象に。GAP
は買いやすい値段、かつサイズも豊
富。ダメージデニムなどの冒険デニム
を探すのにオススメです。

2. AG

ボーイフレンドより少しタイトな絶妙
なサイズ感。かなり前に購入したもの
ですが、着回しやすいシルエットとはき
心地の良さでいまや長年選手に。手
持ちのダメージデニムの中では濃いめ
の色もコーディネートの幅出しに一役
買っています。

3. LEVI'S

古着屋で見つけたリーバイスは、ベストバランスを探して、自分で裾をカット。ヒール、ペタンコ、ブーツ…どんな靴とも合わせやすい8分丈に。その切りっぱなしのほつれた裾以外大きなダメージはありませんが、これもダメージデニムと解釈してはいています。

4. JOURNAL STANDARD relume

ホワイトデニムの良さに開眼した一本。深めの股上、つかず離れずのテーパードシルエットは、はくだけで今っぽく。コンサバになりがちなホワイトデニムも、ダメージが加わることでぐっとカジュアルに。かといって決して下品にもならないのは、白がもつ清潔感ゆえ。

type 2

センス、着こなしが問われる
デニムの王道

STRAIGHT DENIM

ストレートデニムといえば、一般的にはデニムの王道。
けれど、女靴の王道ともいえるヒール合わせが
好きな私にとって、ストレートシルエットは
どうしてもコンサバになってしまう気がして…
実は今まであまりはいてきませんでした。
その思い込みが覆されたのは、
妊娠を機にペタンコ靴を履き始めたとき。
"ヒール以外という選択"で足元にヌケ感を出せば、
ストレートデニムも自分らしく着こなせることに気づいたからです。
シルエットが正統な分、色みで印象が変わるし、
クセがないという意味ではどんなテイストの服も
受け止めてくれる。懐の深いデニムです。

フォンデルといえばニットが有名ですが、デニムも隠れた名品。浅すぎず深すぎない股上、太さなどのすべてがジャスト。切らずに、ロールアップしてもしなくても、バランスよくはける丈感も好きです。

1DENIM / 6LOOK

—— 金子的ストレートデニムの着回し

ストレートデニムの上品なイメージをミリタリージャケットで裏切って。鉄板ともいえるデニム×カーキの配色をありがちに終わらせないのは、旬を吹き込むバンダナ柄や、ボリュームサンダルといった小物合わせ。

denim **VONDEL**
jacket **used(CHICAGO)**
tee **GAP**
bag **FENDI, UNITED ARROWS**
shoes **PRADA**
watch **Disney**

01

02

端正なタートルニット×デニムのシンプルな着こなしは、足元に個性を。メンズライクなサイドゴアブーツのボリュームをスパイスに。肌を見せない分、アクセサリーや小物で艶っぽさをプラス。

denim **VONDEL**
knit **DRESSTERIOR**
bag **vintage**
shoes **BOEMOS**
stole **HERMÈS**
necklace **agete**
bracelet **Yochi NEW YORK, Deepa Gurnani**

[type2 - STRAIGHT DENIM]

03

ツインニットにストレートデニム。なにげないコーディネートを特別に見せる小物マジック。ちょっぴりジャンクなヒョウ柄パンプスとネオンカラーのウエストポーチは、大人だからこそ様になる！

04

存在感たっぷり、レザーのフリンジストールを主役に。貫禄が出やすい大判ストールは、デニムでカジュアルダウンするくらいがちょうどいい。潔く脇役にもなれるのも、デニムの魅力のひとつ。

[type2 - STRAIGHT DENIM]

denim **VONDEL**
knit&cardigan **Drawer**
bag **NIKE**
shoes **GIUSEPPE ZANOTTI DESIGN**
sunglasses **BLACK BY MOUSSY**

denim **VONDEL**
tee **GALERIE VIE**
bag **ANTEPRIMA**
shoes **Christian Louboutin**
stole **no brand**
bangle **Sheta, Harpo**

05

定期的に着たくなるのがこんなシャツとデニムの組み合わせ。シンプルスタイルこそ、"小物合わせ"で自分らしく。マイベーシックのキャップとパールで、定番を今っぽくアップデート。

06

たまに甘さが欲しくなったときもデニムが強い味方に。スイートなピンクもデニムとヒョウ柄さえあれば、照れずに着られる。さらにヴィトンのモノグラムで柄を上乗せしてパンチをプラス。

[type2 - STRAIGHT DENIM]

denim **VONDEL**
shirt **Luftrobe**
bag **HERMÈS**
shoes **BEAUTY&YOUTH**
cap **J.Crew**
necklace **ordermade**
belt **DSQUARED2**

denim **VONDEL**
coat **JOURNAL STANDARD L'essage**
cutsew **Whim Gazette**
bag **LOUIS VUITTON**
shoes **MINNETONKA**

STRAIGHT DENIM

ウォッシュなのかノンウォッシュなのか
といった色みやちょっとした太さの違いで
表情が変わるのがストレートデニムの面白さ。
唯一、丈にだけこだわりがあって、
そのままでもひと折りしても決まる
かかとスレスレが私の定番。
前から見たときに足の甲に少し溜まるくらいが、
ペタンコ靴やスニーカーとも
バランスが取りやすい気がします。

1.

1. GALERIE VIE

濃いインディゴでキレイめにはけます。
ノンウォッシュにありがちなごわつきや
硬さが一切ない柔らかい生地感。実
際にはくと、丸みを帯びた大人の体が
キレイに見え、ギャルリー ヴィー独特
のこだわりを感じます。

2.

3.

2. BLACK BY MOUSSY

コスパ、シルエット、色みやディテール…etc.すべての平均点が高い優秀デニム。バリエーションも豊富で、これ以外にも数本所有。もし人に「オススメのデニムは?」と聞かれたら、真っ先にあげるのはこれかもしれません。

3. Shinzone

極端に深くぴったりタイト。"いい意味で野暮ったく"懐かしさの漂うウエスト周りが、不思議なほど着こなしを今っぽく見せてくれます。「かっこよくスタイリッシュすぎない」は、今気になるデニムのキーワードのひとつです。

ボーイフレンドにハマるきっかけにも
なったゴールデングース。ハイウエス
トデザインが、絶妙な体形カバー効果
をもたらしてくれる。切らずにはけるジ
ャストの丈感で、ペタンコともヒールと
も合う万能選手。

STRAIGHT DENIM
DAMAGE DENIM
SKINNY DENIM
SLIM DENIM
✓ BOYFRIEND DENIM
SHORT DENIM
DENIM JACKET

BOYFriend
DENim

独特のゆるシルエットが
女らしさを引き立てる

BOYFRIEND DENIM

背が低い、女らしい格好が好き。
そんな私にとって、ボーイフレンドデニム自体は
必ずしもドンピシャではなく、難易度の高いアイテムでした。
年齢とともに変わる雰囲気や体形に合わせて
着こなしの幅を広げたいと試行錯誤する中、
辿り着いたのがその"ゆるさを逆手に取る"ことです。
タイトなトップス、もしくはウエストを
インすることで、上半身をコンパクトに。
これだけで上下のシルエットにメリハリが生まれ
ゆるいボーイフレンドデニムが逆に女っぽく。
タイトなデニムの直球の女らしさより
自分らしい気がして、最近は最も出番が多くなりつつあります。

1DENIM / 6LOOK

金子的ボーイフレンドデニムの着回し

[type3 - BOYFRIEND DENIM]

On the Street
Rue du Parc Roy
Paris

01

一見なんでもない合わせも、コンパクトなTシャツのサイズ感にこだわり抜くことで、目を引くスタイリングに。クラシカルなハットと赤リップ、レースで"エレガント"を添えて、シンプルを無難で終わらせない。

denim GOLDEN GOOSE
DELUXE BRAND
tee GAP
sweat used(Santa Monica)
bag American Apparel
shoes VALENTINO
hat NEWT
bangle TOMORROWLAND

02

ボーイフレンドには難しそうなひざ下までのロングアウターも、ベルトでしっかりウエストマークすれば、スタイルアップ。ハイカットスニーカーで上下のボリュームバランスを微調整して。

denim **GOLDEN GOOSE DELUXE BRAND**
coat **BURBERRY**
knit **Whim Gazette**
bag **TOMORROWLAND**
shoes **CONVERSE**
belt **JOURNAL STANDARD**

03

柄on柄の飛ばした合わせもトップス＆帽子で取り入れれば視線が上に！ やんちゃなムードにエレガントの極みともいえるフェラガモバッグを投入するあたりが、"ぶっ込み金子"の真骨頂。

04

秋口にしたくなるのは、こんな自由で楽しい季節感ミックス。デニムのシーズンレスな存在感が、ファーとサンダルを上手につないでくれる、まさにデニムありきで成り立つコーディネート。

denim **GOLDEN GOOSE DELUXE BRAND**
knit **GALERIE VIE**
bag **Salvatore Ferragamo**
shoes **ZARA**
cap **BURBERRY**

denim **GOLDEN GOOSE DELUXE BRAND**
blouse **MACPHEE**
vest **AMERICAN RAG CIE**
bag **dear morocco**
shoes **CHANEL**

05

深くシャープなVネックが印象的なニット。ともすると女っぽくなりすぎるアイテムにこそ、ボーイフレンドデニムを。純度の高い色気より、程よく中和されたくらいの方が、断然好みです。

06

シルエットでメリハリがつけにくい、ゆる同士のアイテムも、腕まくりやウエストインといった"着方"で、自分らしく女らしく。男度の高い黒サングラスも全体をピリリと締めるスパイスに。

[type3 - BOYFRIEND DENIM]

denim **GOLDEN GOOSE DELUXE BRAND**
jacket **BANANA REPUBLIC**
knit **JOHN SMEDLEY**
bag **ANTEPRIMA**
shoes **VALENTINO**
brooch **CHANEL**

denim **GOLDEN GOOSE DELUXE BRAND**
jacket **LEVI'S(Santa Monica)**
cutsew **JANTIQUES**
bag **HERMÈS**
shoes **repetto**
sunglasses **Ray-Ban**

BOYFRIEND DENIM

あらかじめ計算してゆるく作られた
"もともとボーイフレンド"に留まらず、
1つ、2つ、サイズを上げて
普通のデニムを自らボーイフレンドに
しちゃうこともしばしば…。
多少大きくても、体が泳ぐ感じもセクシーだし、
ベルトでウエストをキュッと絞るのもあり。
私の中では、ゆるい＝ボーイフレンド。
そのカテゴライズはざっくりでいいんです。

1.

1. LEVI'S

サンタモニカで購入したユーズドのリ
ーバイスは、あえて2サイズくらい上を
選んで、ボーイフレンド風に。時間の
経過とともに自然に褪せたような、ニュ
アンスのある黒がお気に入り。ベルト
でウエストを絞ってはくのが定番。

2.

3.

2. American Apparel

これも1サイズ上げてわざとゆるくはけるように。ハイウエストなデザインで、ゆるい中にもどこか女らしさが漂います。腰周りにゆとりがあり、裾にかけてすぼまるテーパードシルエットで、はくとさらに女らしく。

3. Chimala

最近仲間入りしたのがこのチマラ。メイドインジャパンにこだわっているというだけあって、ポケットや裾のディテールまでかっこいい。ニュアンスカラーの多い私のワードローブになじみやすい淡いグレーもポイント。

<u>type 4</u>

タイトなシルエットは
背の低い私の味方

SKINNY
DENIM

もともと好きなデニムに本格的にハマる
きっかけとなったのがスリム＆スキニーデニム。
カジュアルなのにちゃんと女らしい。
背の低さをカバーしてくれるスタイルアップ効果。
私がボトムに求めるこの2大条件を
クリアしているのがまさにスキニーデニムです。
今でもここぞというとき、困ったときは真っ先に手に取る、
定番を超えた、頼もしい相棒のような存在。
はき倒してきた分、こだわりもあって
足首が覗くギリギリくらいのレングスがベスト。
長すぎないほうが脚はキレイに見えるというのが持論です。

フミカウチダのデニムは、ノンストレッチ
なのに超タイトで、おしゃれ魂が試され
るストイックな一本。モードなブラックと
切りっぱなしの裾は、はくだけで様になる。気合いでお肉を押し込むようにはく
と、脚がスラッとまっすぐ見えます。

1DENIM / 6LOOK

―― 金子的スキニーデニムの着回し ――

ブラックスキニーの媚びない女らしさを、タイトなジャケットでさらに盛り上げて。スキのないスタイルは、ラフなビーサンで思いっきりハズす。そんなバランスの駆け引きも大人の余裕で楽しみたい。

denim **FUMIKA UCHIDA**
jacket **JOURNAL STANDARD L'essage**
camisole **VINCE.**
bag **D&DEPARTMENT**
shoes **Havaianas**
lingerie **STELLA McCARTNEY**
necklace **ordermade**

01

02

デニムならではのチャコールブラックとドライなベージュ。曖昧でニュアンスのある色同士は、掛け合わせることで、より深みのある表情へ。色で魅せられるのも発色に幅があるデニムならでは。

denim **FUMIKA UCHIDA**
sweat **Santa Monica**
bag **vintage**
shoes **Teva**
sunglasses **Ray-Ban**

[type4 - SKINNY DENIM]

03

個性もきちんと感も求められる打合せにしたいのは、こんなスタイル。小物まで無彩色で色に頼らない分、潔くシルエットで勝負！ スキニーのスタイルアップ効果を惜しみなく活用します。

04

リラックスムードのチュニックを街で着るなら…。スキニーデニムをレギンス感覚で投入。仕上げはフリンジクラッチやシルバーのミュールでミーハー感をちりばめて、スタイリッシュに寄せて。

denim **FUMIKA UCHIDA**
vest **BEAUTY&YOUTH**
cutsew **T BY ALEXANDER WANG**
bag **NIKE**
shoes **MANOLO BLAHNIK**
bangle **HERMÈS**

denim **FUMIKA UCHIDA**
one-piece **ARGUE**
bag **ZARA, CONVERSE TOKYO**
shoes **ZARA**
turban **muhlbauer**

05

クラシカル、カジュアル、スポーティ、エレガント…すべてをミックスして"盛り切る"。意外性が連れて来るモード感、引き算じゃなく足し算で生まれるヌケ感もきっとあると思うんです。

denim **FUMIKA UCHIDA**
blouson **adidas**
blouse **MACPHEE**
bag **CHANEL**
shoes **ZARA**
knitcap **UNITED ARROWS**

06

スキニーの持ち味を存分に生かし、ビッグ&タイトのシルエットを主役に。大きな布面積を占めるコートにヌケ感をもたらすのは、艶っぽいシルバーグレーのファーと足元に差したラメソックス。

denim **FUMIKA UCHIDA**
coat **used(Santa Monica)**
knit **agnès b.**
cardigan **A.P.C.**
bag **Swell**
shoes **Christian Louboutin**
stole **L'Appartement DEUXIÈME CLASSE**
socks **Deuxième Classe**

[type4 - SKINNY DENIM]

SKINNY DENIM

定番だからこそ、
古いものから新しいものまで
手持ちのバリエーションは豊富。
スリムでもスキニーでも
マニアじゃない自分的には
ピッタリとしていればそれでよし！
もちろんスタイルよく見せたいから
そのほとんどが濃い色です。
ストレッチの有無にこだわりはなく
とにかく美脚見えを重視します。

2.

1.

1. AG

もう何年も愛用しているAGは、これぞ
スキニー！という感じでピタピタバツバ
ツ。でも絶妙なストレッチでストレスフ
リー、かつしっかりスタイルアップして
見えるのがすごいところ。合わせやす
くバランスが取りやすい9分丈で、つ
いつい手が伸びる一本です。

2. UNIQLO

ユニクロの定番"デニンス"。ボタンも
チャックも飾りで、1アクションではけ
る！ まさにレギンス感覚のお気楽デニ
ム。ビッグなトップスを合わせてお尻
まで隠すと視覚効果で脚がほっそり。
価格もお手頃なので、はき倒す前に定
期的にアップデートしたいアイテム。

3.

4.

3. Whim Gazette

バックジップで正面にはポケットもボタンもない。正統派のデニムというより、ミニマルなデニム生地のパンツといった佇まいは、キレイめスタイルにもすんなりとけ込んでくれます。おへそまで届くかなりのハイウエストで、バレエシューズとの相性も抜群です。

4. SOSO PHLANNEL

よく覗くショップ、ブルーム＆ブランチのオリジナル。いい意味で体になじまない硬派な生地、ザ・デニムなボタンやリベットで、まさに王道なムード。はいているとよく「どこの？」と聞かれる美脚デニムでもあります。自分でカットした裾も今っぽくてお気に入り。

type 5

着るだけじゃない、
変幻自在な万能アイテム

DENIM
JACKET

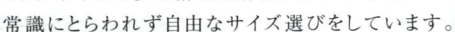

デニムジャケット、いわゆるGジャンの魅力は、
応用範囲がとにかく広いこと。
着たり、羽織ったり、腰に巻いたり…etc.
コーディネートにいろんなニュアンスを
演出できるという意味では、
単にはくデニムパンツ以上に表情豊かなアイテム。
シーズンレスで使っています。
サイズ感や色み、ダメージ具合でも印象は変わるので、
私はキッズやメンズコーナーまでくまなくチェック。
腕まくりでバランスは調整できるし、
ビッグサイズで少し落ちた肩もかわいいので、
常識にとらわれず自由なサイズ選びをしています。

左はサンタモニカで買ったユーズドのリー。味のある色落ち、ほつれ具合は、リアルな古着ならでは。右はアメリカンアパレル。ユニセックスならではの、ストンとしたボックスシルエットが今の気分。淡いブルーは、柔らかい印象にしたいときに。

STRAIGHT DENIM

DAMAGE DENIM

SKINNY DENIM

SLIM DENIM

BOYFRIEND DENIM

SHORT DENIM

DENIM JACKET

1DENIM / 6LOOK

── 金子的デニムジャケットの着回し

[type5 DENIM JACKET]

01

ゆるりとパジャマライクなセットアップ。着慣れないトレンドアイテムは着慣れたGジャンで自分らしさに寄せてみる。テロンと女っぽい素材とゴワッとタフなデニム素材のコントラストも奥行きに。

denim **Lee(Santa Monica)**
camisole& pants **SAM&LAVI**
cardigan **FRAMeWORK**
bag **VALENTINO**
shoes **Havaianas**
glasses **OLIVER PEOPLES**
pierce **The 2 Bandits**
watch **ROLEX**

02

キャメルとデニムブルーは相思相愛。きっと一生好きな私的絶対配色。バランスの取りづらい半端丈スカートは、Gジャンをグイッと大胆に腕まくり。その着方で全体の印象は驚くほど変わる。

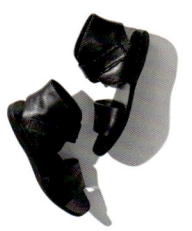

denim **Lee(Santa Monica)**
knit **GALERIE VIE**
skirt **GOLDEN GOOSE DELUXE BRAND**
bag **MUUN**
shoes **VINCE.**

03

ファーの下に仕込んだGジャンは防寒というよりも差し色として。白〜ベージュの淡色を、デニムのブルーが引き締めてくれる。ゴージャスになりがちなファーをカジュアルダウンする役割も。

04

オフの日にしたい楽チンスタイル。古着ならではのGジャンの風合いが、エスニックムードのワンピースにマッチ。あえてかごバッグを合わせず、メタリックなクラッチでほっこりしすぎないように。

[type5 - DENIM JACKET]

denim **Lee(Santa Monica)**
coat **Drawer**
cutsew **Hanes**
sweat pants **HYKE**
bag **SAINT LAURENT**
shoes **Gianvito Rossi**

denim **Lee(Santa Monica)**
one-piece **jolie jolie par petite mendigote**
bag **no brand**
shoes **BIRKENSTOCK**
knit cap **UNITED ARROWS**

05

ニュアンスカラーで全体をまとめたくなるところに
あえてGジャンを。ざっくりラフに巻いた結び目が
生む"表情"は、小さな面積でも、着こなしの印象
を大きく左右。こなれ感につながります。

06

カーデ以上コート未満の存在感は季節の変わり
目にも大活躍。それだけだとストイックになりすぎ
るネイビー×黒のワイドパンツスタイルも、Gジャ
ン独特の味が、程よいゆるさを演出してくれる。

[type5 - DENIM JACKET]

denim Lee(Santa Monica)
sweat Drawer
skirt Luftrobe
bag TOPSHOP
shoes Sergio Rossi

denim Lee(Santa Monica)
knit Drawer
pants UNITED ARROWS
bag COMME des GARÇONS
shoes PHILIPPEM MODEL
belt J&M DAVIDSON

DENIM JACKET

今回改めて考えてみると、
ゴワゴワで肩が上げにくくかったり、
かさばったり…
正直着心地がいいといえないGジャン。
それでもつい集めてしまうのは、
純粋にアイテムとして好きだから。
スタイリッシュとはまた違う
無骨で不器用な存在が
なんとも愛しいんです。

1.

2.

1. A.P.C.

手持ちの中でいちばん濃い色みのこれ
は、メンズのSサイズ。腰に巻いたりコー
トの中に仕込むよりもシンプルにジ
ャケットとして着ることが多いです。ゆ
とりがあるので、分厚いニットも着られ
るし、冬場までしっかり活躍。

2. SLOBE IÉNA

これも5年以上着ている定番。ノンウ
ォッシュ系とはひと味違うビンテージ
感のあるくすんだ色が魅力。"ジャス
ト"なサイズ感と薄手の生地で、カジ
ュアルなのに女らしく着られます。トレ
ンチなど、アウターの下に仕込んでも
着膨れしないところも優秀。

3.

4.

3. GAP

もはや自分ヴィンテージになりそうな
10年超え選手。キッズコーナーで見
つけて購入。コートの下にも難なく着
られるサイズ感が重宝しています。ビ
ッグサイズブームの今、ヘビロテしてい
るわけではありませんが、5年後、10年
後のために大切にとっておく予定です。

4. MADISONBLUE

昨年、久々に新調した一枚。すでに持
っている何枚かと色はかぶりますが、
手持ちのものにはない今っぽいシルエ
ットに惹かれて購入。だらしなく見え
ないいい意味でのゆるさや、程よく落
ちた肩はさすがマディソンブルー。着
るだけで様になるんです。

type 6

程よい距離感で
年相応に取り入れたい

SHORT DENIM

しばらく遠ざかっていたショート丈デニム。
ただここ数年、自分の中での確固たるルールを
見つけてからは、いい距離感で上手く付き合えるように。
大人っぽく素敵に着こなすためには
肌見せバランスと足元合わせがカギ。
トップスは必ず長袖、
ヒールは合わせない、がマイルール。
身長がなくてもバランスが取りやすく便利な分、
大人は一歩間違えると下品にもなりかねない。
客観的な目を忘れず、年相応に取り入れて、
大人のかわいらしさを表現できたらと思います。

右はマディソンブルー。久々にミニを
はきたいと思わせてくれた一枚。シン
プルに見えて細部まで計算し尽くされ
ている大人のためのデニムスカート。
左はジャンティークで買った古着のリ
ーバイスのショートパンツ。丈も色み
もディテールもザ・王道。1サイズ上げ
てゆるめではいています。

STRAIGHT DENIM
DAMAGE DENIM
SKINNY DENIM
SLIT DENIM
DONGARETTE DENIM
✓ SHORT DENIM
DENIM JACKET

1DENIM / 6LOOK

――― 金子的ショートデニムの着回し ―――

デニムミニ×スポーティブルゾンのヘルシーなコーディネートには、素足でもタイツでもない、黒レギンスという選択を。さらにハイテクスニーカーで足元のモード感を高めれば、子どもっぽさとは一線を画す仕上がりに。

denim MADISONBLUE
bulouson FRAMeWORK
knit EN ROUTE
bag CHANEL
shoes NIKE
béret CA4LA
leggings CHRISTOPHE LEMAIRE
lingerie ARAKS

01

02

王道同士の組み合わせは、シャツの長めの丈を生かしてゆるくブラウジングしつつ前だけイン。トップスとボトムを2:1のバランスに。布面積のボリュームにメリハリをつけると好バランス。

denim MADISONBLUE
shirt Bagutta
bag LIZZY DISNEY
shoes repetto
watch Cartier

03

雨の日は靴からコーディネートを考える日。ボリュームのある長靴には軽快なミニスカートをチョイス。足元＆ボトムがカジュアルだから、トップスはレースブラウスでフェミニン要素をプラス。

04

エレガントで量感たっぷりのロングコートを程よくカジュアルに見せるときに有効なのが、ミニスカート。足元はロングブーツでひざ上をちらり。こんな上品な肌見せなら、きっと大人かわいい！

[type6 - SHORT DENIM]

denim **MADISONBLUE**
blouse **ISABEL MARANT**
bag **UNITED ARROWS**
shoes **AMAORT**
turban **SOULEIADO**

denim **MADISONBLUE**
coat **TOMORROWLAND**
cutsew **agnès b.**
knit **A.P.C.**
bag **TEMBEA**
shoes **HERMÈS**
glasses **OLIVER PEOPLES**

05

シャープな黒のジャケット。キュートなミニスカートとソックス。かっこいいとかわいいをハーフ＆ハーフに。大人っぽいのか子どもっぽいのか分からない、そんな曖昧バランスも面白い。

06

たとえば、白タートルと赤いバレエシューズがパリジェンヌなら、デニムミニとティアドロップサングラスはL.A.ガール。新しいコーディネートは、意外にも、妄想の時間から生まれることも…。

[type6 - SHORT DENIM]

denim **MADISONBLUE**
jacket **Deuxième Class**
knit **GALERIE VIE**
bag **MAISON&VOYAGE**
shoes **PELLICO**
socks **UNITED ARROWS**

denim **MADISONBLUE**
cutsew **UNIQLO**
bag nook **STORE**
shoes **repetto**
sunglasses **Ray-Ban**
tights **Wolford**

SHORT DENIM

若い頃と変わったのは、サイズ感。
ピッタピタのジャストサイズで
はくのがカッコいいのは20代半ばまで。
大人ならゆるめを腰で
落としてはくくらいがちょうどいい。
肌を露出している分、
肉感はできるだけ出さない方が、
媚びない色気が漂うと思います。
あえて夏以外にはいて
季節感をミックスするのも好き。

1.

3.

2.

1. HYKE

いわゆるデニム的5ポケットではない、
キレイめパンツのようなディテールと
少し長めの丈がポイント。ショートパ
ンツの中でもハーフパンツ寄りでメン
ズ感が強いので、例外の特別枠とし
てヒール合わせもあり。

2. DRESSTERIOR

久しぶりにオーソドックスなデニムス
カートがはきたくてドレステリアで新
調。子どもの頃はいていたような "普
通" な佇まいが、今また新鮮。ハイウエ
スト＆裾広がりの台形シルエットは、
スタイルアップ効果も狙えます。

3. LEVI'S

激しいクラッシュは存在感抜群！ た
だ実際にはくと見た目以上に露出はな
く、パンチだけがいい感じに残る。だら
しなく見えたらアウトなので、対極に
あるパリッとキレイめアイテムを合わ
せることがほとんどです。

5.

4.

6.

4. TOPSHOP

トップショップは攻めの一枚。超ショート丈にきわどい位置のクラッシュ。ですが、これもあえて大きめサイズを選んで腰ではくことによって、普通のショートパンツ丈に。合わせ次第でグッと大人っぽくなる変化も見どころ。

5. LEVI'S

古着をリメイクしたリーバイス。王道の一本は王道だからこそ定期的にアップデート。これは去年ジャンティークにて。1サイズ上を選んでゆるく腰ばきに。パンツと太ももの間にすき間を作ることで、着やせ効果も。

6. Maison Margiela

前後で差をつけたイレギュラーな裾、ストンと腰から落ちるシャープなライン、とシンプルながらはくだけで様になる。いわゆる王道とは一線を画すアイテムは、デニムスカートのコーディネートに幅を出したいときに。

「カチッとした 黒バッグでハズす」

どんな場面でも通用する色とスマートなフォルム。カチッとした黒バッグは、ラフなデニムと真逆の存在であるがゆえに、デニムスタイルの有効なハズし役に。とりあえず持つだけでギャップになる。こなれたデニムスタイルの最初の入り口としておすすめなのが、黒バッグだと思います。

#bag HERMÈS

持つことでアガる
かっちり黒バッグの代表

その黒バッグがエレガントであればあるほど、カジュアルなデニムとのギャップが大きく、こなれ感が強まります。エルメスのバーキンはその代表。

"真面目"な存在感が
連れて来る味のあるハズし

なんの装飾もない、ストイックな佇まいが魅力のコムデギャルソンのボストン。真面目すぎるほど真面目な存在感が、ラフなデニムの最強のハズしに。

#bag **COMME des GARÇONS**

#bag **BALENCIAGA**

×カゴにしか出せない
絶妙なヌケ感がある

黒バッグでも素材と黒の面積が変われ
ばまた違った印象に。バレンシアガの
カゴバッグは、カチッと具合とラフさ
加減がちょうどいいんです。

「 肌見せバランスで
女っぽく 」

デニムをはくとき、いつも以上に意識するのが肌見せバランス。ただ
単に露出するという意味ではなく、あえて隠すことも含めて肌見せ
具合（服の面積）をコントロールすると、全身バランスもよく見える
し、なにより大人のデニムスタイルに必要な女らしさが加わります。

ぴたぴた**スキニーデニム**には
さらに**タイトなトップス**を。
ボディコンシャスなシルエットが生む
女らしさは、実は肌見せ以上に女らしい

denin **AG**
tee **GAP**
bag **en shalla**
shoes **Christian Louboutin**
béret **agnès b.**

体のラインを見せることも、私にと
っては肌見せの一部。ヒール高めの
サンダルや斜めがけしたコンパクト
なポシェットでさらに重心を上げて
スタイルアップを狙います。

肌を隠すことで生まれる女らしさもある。

ショートデニム×ロングスリーブは

ミニを子どもっぽく見せないために辿り着いた金子的バランス

denim TOPSHOP
knit JEANPAULKNOTT
shoes MINNETONKA

露出の一切ないメンズライクなニットが、ショートボトムを大人っぽく見せてくれる。同じく足元も女度の低いペタンコ靴。女らしさは抑えることでも逆に引き立つと思うから。

布面積が少ない**キャミやジレ**。
華奢アイテムの大胆な肌見せで
ハードな **ダメージデニム** は驚くほど女っぽく

denim JOURNAL
STANDARD relume
jacket **Luftrobe**
vest **MADISONBLUE**
shoes **JIMMY CHOO**

とくにハードなダメージデニムに
は、分かりやすく直球の女らしさを。
華奢なキャミソールやジレを一枚で
着て大胆に露出。もちろん大人とし
て羽織りものはマストです。

デコルテをシャープに切り取る Ｖネック。
品のある肌見せは、ずるっとした ボーイフレンドデニムに
知的な色気を足してくれる

denim LEVI'S(Santa Monica)
cardigan ADAM ET ROPÉ
bag CHANEL
shoes Christian Louboutin
belt JOURNAL STANDARD

せっかくのVネックもシルエットが
ゆるいと話は別。ボーイフレンドと
相性がいいのはジャストもしくはコ
ンパクトなもの。ベルトでウエスト
マークして、さらに女っぽく。

「 デニムを
格上げする舞台裏 」

デニムを女らしく着こなすためには、表に見える部分以上に実は舞台裏
が大切だったりします。正直ただはくだけで女らしく見えるスカートより
手間はかかる…。でも陰でしっかり準備をし、自信をもってはくデニム姿
には、きっとスカート以上の女らしさが宿ると信じています。

本物のジュエリー

デニムをはくと本物のジュエリーが
つけたくなるし、本物のジュエリー
にはデニムを合わせたくなる。それ
は、本物を本物然とつけるのではな
く、サラッとさり気なくつけるのが好
きだから。カルティエ、ティファニ
ー、ロレックス…etc.選ぶのはい
つだって歴史を感じる王道のブラン
ド、大振りなものより華奢なもの。ジ
ュエリーに関しては流行にあまり興
味がない自分がいます。

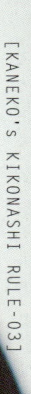

色気のある香り

ほのかに香らせたいからボディクリーム派。そんなあまり香水を使ってこなかった私が初めてハマったのがフレデリック・マルの香水。理想とする"さりげなさ"を見事に表現している香りに、香水も素敵と思えるように。つける人によって変わる香り立ちもオリジナリティがあっていい。私にとって香りを纏うのは、ヒールを履くのと同じ感覚、"女"を意識してそれだけで背筋が伸びるんです。

見えない部分の赤

ペディキュアはいつも赤。冬の間も
一年中欠かさないように。たとえ誰
にも見られなくても、自己満足でい
いんです。少し大げさに言うと「どこ
でも脱げる!」そんな自信が欲しい
だけ。真紅から深い赤まで、自分に
しか気づかないレベルでマイナーチェ
ンジをして楽しんでいます。服や
マニキュアなど人の目に触れる部分
の赤より、見えない部分にこっそり
潜ませる赤に色気を感じる。あまの
じゃくなところがあるんです。

程よい体作り

正直つらいけれど、「諦めたら終わ
り…」と自分に言い聞かせて、週に1
度パーソナルトレーニングに通って
います。鍛えるのは、デニムの着映
えを左右する腰周りやヒップが中
心。デニムがおしゃれ着になるか、
ただのご近所楽チン服になるかの
分かれ道は、意外とその人の体形だ
ったりするもの。50歳、60歳になっ
たときもカッコ良くデニムをはきこな
すために、これからもマイペースに
続けていく予定。

仕上げのヌケ感は
足元で作る

その面積は小さくても、全体のバランスを大きく左右するのが足元。
女らしさといっても決してヒールがすべてではないので、それぞれ
デニムのタイプによってヌケ感や女度を足し引き。足元のバリエが
広がるとデニムのコーディネートがもっと楽しくなると思います。

スキニー
×
とんがりペタンコ

そもそも女らしいタイトなスキニーに、女ら
しいヒールはトゥーマッチな気がして。大人
ならペタンコ靴でハズすくらいの余裕をもち
たい。ただしポインテッドトゥで先端にはさ
り気なく色気を。エナメルやシースルーなど
素材で女っぽさを取り入れるのも好き。

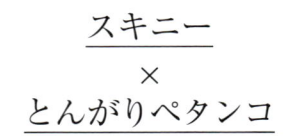

denim **Whim Gazette**
cutsew **UNIQLO**
bag **HERMÈS**
shoes **repetto**
sunglasses **Ray-Ban**

Christian Louboutin

VALENTINO

repetto

ボーイフレンド
×
ハイカットコンバース

ワイドパンツ×スニーカーのバランスをデニムに落とし込んで。ハイカットをショートブーツ感覚で履いて、足元のボリュームをつなげてあげれば、ボーイフレンドデニムとスニーカーでもバランスよく。私的にはどのスニーカーでもいいわけではなく、デニムの裾の落ち感を邪魔しない、コンパクトなコンバース限定です。

denim **GOLDEN GOOSE DELUXE BRAND**
gown **used(Santa Monica)**
tank top **HYKE**
bag **SAINT LAURENT**
shoes **CONVERSE**

CONVERSE

ダメージ
×
ピンヒールパンプス

ダメージデニムにはヒールパンプス。これは10年以上変わらない私の定番。パンプスに流行りのディテールは要らなくて、プレーンであればあるほどいい。理想はポインテッドトゥのピンヒール。ダメージデニムの不良な存在感と真逆のパンプスの淑女の存在感、その振り幅がスタイルに奥行きをもたらします。

denim GAP
tee BEAUTY&YOUTH
bag CHANEL
shoes SAINT LAURENT
hat BLUE WORK

MANOLO BLAHNIK

SAINT LAURENT

Christian Louboutin

ストレート
×
ヌーディサンダル

シンプルで王道だからこそ無難にも転びがち。ヌケ感を出しにくいストレートデニムには、存在自体にヌケがあるヌーディなサンダルを。個人的な好みは、極力シンプルな甲のデザインとアンクルストラップ。裾をロールアップしたり、ひざを曲げた時にチラリと見えるストラップにさりげない女らしさが宿る気がして。

denim Shinzone
knit CÉLINE
bag LOUIS VUITTON
shoes LOEFFLER RANDALL

LOEFFLER RANDALL

annabaiguera

Christian Louboutin

MANOLO BLAHNIK

「ラフなこなれ感は
メンズに学ぶ」

周りにいるおしゃれメンズは常にめざとくチェック（笑）。特にデニムは、自分にはない独特の目線で選ばれたブランドや配色、小物合わせといった"メンズ的着こなし"が勉強になります。上手く取り入れれば、こなれ感もギャップも簡単に演出できて、着こなしの幅が広がります。

 ♥ いいね！

「UNUSED」の
ホワイトGジャン、
私もこのブランド気になってます。
旬を取り入れる早さはさすが！

フォトグラファー／長山一樹

圧倒的存在感を放つMr.オーセンティック。"こだわり感じまくり"の着こなしで、毎回撮影で会うのが楽しみ。

 ♥ いいね！

フレンチフレーバーなベレー帽と
ストリートなスポーツサンダル。
シンプルスタイルを
意外な小物合わせで
おしゃれに見せるお手本

会社員／打越 誠

家族ぐるみでよく会う友達の旦那さん。この日の上下もユニクロだとか。スタイルがいいから基本なんでも似合う。うらやましい！

❤ いいね！

デニム地でもセットアップなら
きちんと感漂う大人の着こなしに。
上下「MARNI」と聞いて納得。
ロマンスグレーの髪もズルいっ！

アートディレクター／藤村雅史

Oggiの連載で毎月お世話になっています。
日本人の"オヤジ"でここまでイケてる人
は他にいない！ 性別を超えて憧れ♡

❤ いいね！

"デニム"というお題に
王道をハズした「カバーオール」という
チョイスがニクイ。
ビッグ＆タイトのシルエットも
自分をよく知ってる証拠

TIMELESS代表／朝日光輝

かれこれ10年以上の付き合いで、
お世話になりっぱなしのヘア＆メ
イクさん。頼れる業界の先輩で
す！いつもありがとう！

❤ いいね！

ブラックデニムでキレイめに。
きっちり留めたシャツのボタン、
ベージュ×ブラックの配色も
大人っぽくて素敵

TMORROWLAND PR／杉山耕平

いつもリースに行くたびにかわいい格好
をしていて、気になる存在。会う度に服
装チェクさせていただいてます (笑)。

白タートルをウエストIN。
ジャケット×デニムの定番を
インナーでさりげなくアップデート。
トレンドのさじ加減が上手い！

SARTO 店長／関 杏輔

いつも清潔感ある着こなしで好印
象。お直しのサイジングの的確な
アドバイス、丁寧な仕事ぶりに絶
大な信頼をおいています。

♥ いいね！

艶が美しい上質な革靴。
ここにあえてスニーカーを
合わせないことが
いいハズしに。さすが！

ヘア＆メークアップアーティスト／
笹本恭平

いつも"ササっぽいもの"をきている独自
のセンス、好きです。そのセンスを生かし
たヘアメイクの仕事もピカイチです！

♥ いいね！

グレーのデニムonデニムなら人と差が
つくスタイルに。
チンピラちっくな金髪に
清潔感ある白T＆白スニーカーの
コントラストも好み！

air-AOYAMA 店長／志賀功祥

いつも髪を切ってもらっているおなじみ志賀
ちゃん。金子ヘアはあなたなしでは成り立ち
ません。攻め番長、これからもよろしく！

❤ いいね！

ホワイトデニムの完璧な着こなし！
絶妙な丈感とそこから
のぞく靴下、茶色の革靴の
バランスは女子も応用できそう

Sui店長／坂口勝俊

出会った当時はアシスタントだった彼
も、今やお店を持つ人気ヘア＆メイク。
カッコ良く年をとっていく姿が楽しみ♪

❤ いいね！

攻めた派手色のライダースと
ほっこりボーダーのギャップが♡
全体的にタイトなシルエットで
デニムを大人っぽく

出版社勤務／岩崎僚一

スタイリストデビュー当時の私
を知る貴重な編集者であり、今
はほぼ飲み友達。なんでも相談
できる兄貴的存在です。

❤ いいね！

一見なんでも
なさそうに見える合わせも
ゆるめの襟ぐりやツバ広のハットで
色っぽく仕上げているところ、お見事！

フォトグラファー／酒井貴生

愛されキャラと今の空気を切り取
る抜群のセンスが人気のカメラマ
ン。せっかくのイケメンがこの写
真では見えなくて残念(笑)。

「 親子リンクで デニムをもっと楽しむ 」

娘が靴を履き歩くようになってからは、親子のリンクコーディネートも新たな楽しみのひとつに。まんまお揃いは少し気恥ずかしい私でも、デニムならそのアイテムや色みの幅が広いので、さりげないリンクがかなう。最近の休日は、そんなゆるいおしゃれが心地いいんです。

ボーダーは
ピッチを変えて

<<<

デニム × ボーダー
をリンク！

娘はGジャン、私はパンツとデニムのアイテムを変えて。さらにボーダーもピッチの太さをあえて揃えないことで、よりさり気なく。合わせる小物も黒でまとめて、カジュアルをピリリと引き締めます。

デニム × リュック
をリンク！

散歩日和のこの日は、リュックとデニムをリンク。娘のリュックは「これがいい！」と自分で選んだステラマッカートニーのもの。おむつや水筒といった自分の荷物は、しっかり自分のリュックに入れて、ご満悦。

>>>

黒のエナメル靴も
お揃いです

デニム
×
レース
をリンク！

インナーのレーストップスとデニムをリンク。私はカジュアルなコットンレース、娘はランジェリーライクな大人っぽいレースで、親子逆転。デニム×レースは、大人がしても子どもがしてもやっぱりかわいい！

帽子とカーディガンはニュアンスカラーで

二人してヒョウ柄好き♥

デニム
×
ヒョウ柄
をリンク！

子どもが着るヒョウ柄は文句なしにかわいい！ 先に娘に買ったコートを見て、うっかり自分も欲しくなって真似っこ。二人セットで歩くとかわいさ倍増。たまにはこんなド派手コーディネートも新鮮です。

デニム
×
スニーカー
をリンク！

私はスニーカー、娘は涼しげな夏らしいサンダルタイプで、デニムをスポーティに。今なら、思いっきり派手でコーディネートのアクセントになるビビッドカラーが気分です。

仕上げのヘアスタイルも二人揃ってお団子に

Chapter 2

Denim style, my style

—— 自分らしいデニムスタイルの見つけ方 ——

WHITE
T-SHIRT

BORDER
CUTSEW

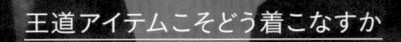

王道アイテムこそどう着こなすか

定番×デニムを
＋αで味付ける

白T、ボーダー、ジャケットに黒ニット。私はいわゆる普通の定番アイテムが大好き。それは誰もが着るからこそ、着こなしや小物合わせで自分らしさを自在に表現できるから。しかも×デニムとなればなおさら。その味付け方は無限大だと思うんです。今までの経験や知識を総動員して頭を使いつつ、ときに感覚的に。普通の服がちょっとしたことでドラマティックに変わる、そんな化学反応を楽しみます。

**TAILORED
JACKET**

**BLACK
TURTLENECK KNIT**

味付けしがいがある究極のシンプル

白T × デニム

白T×デニムは、性別も年代も問わず着られる究極のシンプル。カジュアルな印象が強いから、真っ先に足したくなるのはやっぱり女らしさ。女度の高いビスチェやドレッシーなサッシュベルトで"真逆の要素をぶっ込む"のは私の王道テクニック。でもそれだけじゃつまらない。冬素材のフェルトハットを投入して季節感をズラしたり、白Tの少年っぽさをマニッシュなサスペンダーで素直に盛ったり…、女っぽさとはまた違うアプローチもたまには面白いなって思います。

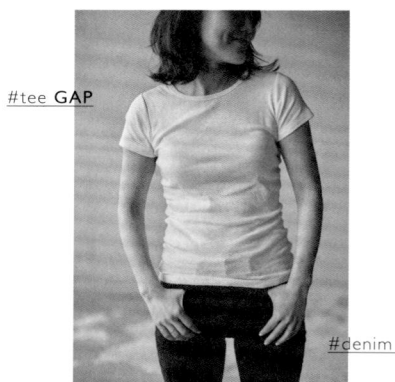

#tee **GAP**

#denim **ZARA**

1.ビスチェを上から重ねてTシャツをあえて脇役に。意外性のあるレイヤード、モノトーンに絞った配色で、Tシャツ×デニムもモード顔。#bustier **FRAMeWORK**　2.夏の代名詞でもあるTシャツにフェルトやニット帽を合わせるギャップが好き。季節感をズラすとシンプルなコーディネートの中にもリズムが生まれます。#hat **LA CERISE SUR LE CHAPEAU**　3.すべてをメンズライクにまとめて、"その人自身の女らしさ"を引き立てるのもあり。#suspenders **ALEXANDER OLCH**　4.カジュアルなデニムに、思いっきりドレッシーなサッシュベルトを。メリハリによるスタイルアップ効果も狙って。#sash belt **MARCELLE DANAN**

+**Bustier**

+**Hat**

+**Suspenders**

+**Sash belt**

[WHITE T-SHIRT +α]

苦手なほっこり感をどう攻略するか

| ボーダー | × | デニム |

デニムもボーダーも大好き。なのに、そのふたつが組み合わされると、カジュアル同士ほっこりしすぎる気がして、実はちょっぴり苦手です…。でもポジティブに考えれば、服自体がほっこり平和なムードだからこそ、小物で私の愛する攻めアイテムや女度高めアイテムを思う存分投入できるという一面も。ミラーサングラスや迷彩の柄×柄でパンチを足したり、パールや派手色で女っぷりを上げると、ほっこりカジュアルな中にも"キレ"が加わり、最終的に自分らしくまとまるんです。

#cutsew agnès b.

#denim LEVI'S

1.私が色に求めるのは、エッジと女っぽさ。だから断然パステルよりヴィヴィッドカラー。1色より2色を掛け合わせるのも金子流。#bag COACH、#shoes Christian Louboutin　2.エレガントなパールを巻き方にこだわることでモードにシフト。首に沿う短めパールは甘くなって、ほっこりになじんでしまうので、"長めの120cm以上を2重巻き"。#pearl order made　3.カモフラ柄はあえてボーダーの近くにおいて柄×柄を強調。#camouflage cutsew K-mart(in HAWAII)　4.平和なムードを一転させるミラーサングラス。強めアイテムもボーダー×デニムが中和してくれるので嫌みにならない。#sunglasses Ray-Ban

1	2
3	4

+Pearl

+Vivid color

+Pattern

+Sunglasses

[BORDER CUTSEW +a]

95

相思相愛アイテムをより自分らしく

ジャケット × デニム

考えてみると私がジャケットを着るのは90％以上の割合でデニムをは
くとき。カジュアル服の代表デニムときちんと服の代表ジャケットは、そ
もそも真逆のアイテムだから相性抜群。まさに私の鉄板スタイルで
す。シンプルに着るだけでほぼ完璧に近いコーディネートがかなうの
で、小物合わせは下手に捻らず純粋に遊び心を足すイメージで。ス
ポーツアイテムやキャップのように、大胆にやんちゃしてもジャケットの
揺るぎない社会性が、それを許してくれる気がしています。

#jacket **Drawer**

#tee
PETIT BATEAU

#denim
BLACK BY MOUSSY

1	2
3	4

1.ゴールドもシルバーも、本物も偽物も関係なし！ 普段はありえない組み合わせもジャケットに合わせる
とそれらしく。#accessories[brooch] CHANEL, GERRY'S, ADAM ET ROPÉ　[bangle] HERMÈS,
TOMORROWLAND　2.キャップは仕上げにポンと被るだけで決まる手軽なハズし。髪を無造作にまと
めるのもこなれ感のカギ。#cap J.Crew　3.ど・カジュアルのスポーツアイテムは、大人が持つからこそ成
立する。荒技だけど、ハマれば文句なしにカッコいい。#sport item [bag]NIKE　[watch]G-SHOCK
4.まるで優等生と不良みたい。こんなギャップがとにかく好き。#rock T shirt used(in HAWAII)

+Accessories

+Cap

+Sport Item

+Rock T Shirt

[TAILORED JACKET +α]

着こなし力が問われるミニマムな合わせ

黒ニット	×	デニム

ミニマムな黒のタートルニットは大人っぽくモード感がある反面、地味に転びやすいアイテムでもあります。カジュアルなデニムと合わせればなおさら、着る人の力量が問われます。無難に終わらせないポイントは、普段は見過ごしがちな"質感"にスポットを当ててみること。レザーやレースといった異素材を投入したり、シルクスカーフやみずみずしい赤リップで、ツヤ感を足すのも効果的。さり気ない細部にこだわることで、シンプルが手抜きに見えず、人と差がつくスタイルに。

#knit agnes b.

#denim
SOSO PHLANNEL

1	2
3	4

1.アレンジ小物の定番、スカーフもベルト使いで差をつける。グッと幅広に巻いてモードなニュアンスを漂わせて。scarf #HERMES　2.色を同じ黒に揃えることで、質感の違いを際立たせて。より柔らかく見せたいときは、サテンのツヤ感も有効。reather vest #vest　3.ボトムをレイヤードして見せ方を変えるのもひとつの手。透けるレースなら重くならず、大胆にイメージチェンジ。自由な発想でデニムをレギンスみたいに。lace skirt #L'Appartement DEUXIEME CLASSE　4.ツヤと透明感のある赤を選べば、赤リップも老けない。髪も無造作にまとめて女度を唇一点に盛るのがおしゃれ。lip #CHANEL Rouge Allure 99

+Leather Vest

+Scarf

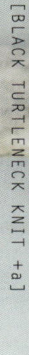

[BLACK TURTLENECK KNIT +a]

+Lace Skirt

+Red Lip

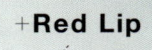

旅先でこそ
デニムに頼る

旅に行く場所はいつも南国、目的はいつだってシンプルにリラックス＆リフレッシュ。そんな私が旅支度で真っ先にトランクに入れるのはやっぱりデニム。Gジャンとショート＆ゆるめのデニム2本。それに少しの服があればこと足りて、現地でもいつも通りのおしゃれができます。旅だからって特別な服は私には必要ない。着回しやすさはもちろん、着心地もいいデニムは、実用面から見ても旅にもってこいだと思います。

day1

 プールに行くときは
こんなスタイルで

ワンピースタイプの水着を生かし
たコーディネート。Gジャンとショ
ートパンツを脱げばすぐにプール
に入れて楽チン！ おしゃれと実用
を兼ねたスタイル。

denim jacket American Apparel
swimwear CHANEL
pants Another Edition
hat NIWET
sunglasses Ray-ban

day2

冷房対策にもなる
長袖はマスト

ブラッとショッピングに行くときは
こんな感じ。意外と冷房が効いた
室内や店内には長袖が必須。"ゆ
る&なが"のバランスに、今の気分
を取り込んで。

denim LEVI'S(CHICAGO)
one-piece "EYE" by Optitude
bag vintage
shoes HENRY&HENRY
cap Ron Herman

day3

旅先でも肌見せ
バランスにブレはなし

東京と変わらずリゾートでもショ
ートデニムには長袖を。そこはブ
レないこだわり。濃い色を使わな
い、ベージュトーンのドライな配
色で見た目を涼しげに。

denim TOPSHOP
sweat Santa Monica
bag COACH
shoes VALENTINO
scarf HERMÈS
sunglasses Ray-Ban

day4

とろみ素材で
女らしさと着心地を重視

どこも締め付けないシルエットや
とろみのある素材でリラックス感
を重視。そんなときも薄手トップ
スの透け感を生かして、女らしさ
は忘れずにキープ。

denim **LEVI'S(CHICAGO)**
cutsew **FUMIKA UCHIDA**
camisole **ZARA**
bag **LOEWE**
shoes **CHANEL**
hat **J.Crew**

[DENIM for TRAVEL]

day5

ノーアクセ&ノーメークは
メガネでカバー

旅ではほぼノーアクセ&ノーメー
クがお決まり。間延びしがちなと
きは唯一のアクセサリーのメガネ
でメリハリを。温度調節のための
Gジャンもポイント。

denim jacket **American Apparel**
tank top **ROKU**
pants **no brand**
bag **PRADA**
shoes **Havaianas**
béret **CA4LA**
glasses **OLIVER PEOPLES**

自分らしい
デニムの育て方

お直しもいいけれど「自分で切っちゃえばよくない?」と、デニムの裾を切ったのが自己流アレンジのはじまり。カスタマイズほど大げさなことじゃなく、単純に自分にベストなデニムにするためにカットしたり破いたり…ぶきっちょなりに楽しんでいます。少しくらい失敗しても、雑でもそれが味になるのがデニム。眠っているデニムを捨てるくらいなら、思い切ってアレンジ。するとまた新鮮な気持ちではけるんです。

「 カットする 」

一番簡単でトライしやすいのは裾のカット。実際にはき、長さを決めて折り返したら、そのままハサミでジョキジョキ。適当くらいがちょうどいいから私は測ったりもしません。切り口から少し横糸を引き出してあげるとフリンジっぽくなってこなれた感じに。さらにその後洗濯すればさらにいい感じ！

106

「 やすりをかける 」

クラッシュが欲しいときはやすりをかけて、表面の縦糸を削り取ります。ポイントは内側から圧力をかけるためにはきながらやること。もともとあるクラッシュをもっと激しくしたいときは、空いている穴を無理矢理ビリッと裂けさせるのもよくやる荒技（笑）。

「 ブリーチする 」

裾やポケットなどの色落ちにさらにこなれ感を出したいときするのがブリーチ。塩素系の漂白剤をめん棒に取って、ブリーチしたい部分をなぞります。デニム全体の色を落としたいときは、漂白剤を入れてまるごと洗濯しちゃうのもありです。

and more...

サイズが大きめのものは、乾燥機で縮ませるのもよくやるテクニック。後は捨てずにクローゼットで寝かせておくことも。熟成すると一周回ってまたはきたい気分になるときもあるので、むやみに捨てないことも大事です。

Chapter 3

Denim forever

—— おしゃれの幅を広げるデニムの可能性 ——

デニムと過ごす365日。12 look, 4season, all denim

DENIM SNAP 48!

たくさんはくと飽きるどころか、
はくほどその奥深い魅力にハマるのがデニム。
そして私もふと気づけば、週の半分はデニムの日々。
春夏秋冬、どの季節にもフィットし、どんなテイストにもハマる。
毎日のおしゃれはデニムなくして成り立ちません。

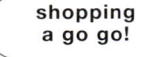

shopping
a go go!

denim **AG**
jacket **JOURNAL STANDARD L'essage**
tank top **HYKE**
bag **SAINT LAURENT**
shoes **Gianvito Rossi**

denim **LEVI'S**
shirt **Deuxième Classe**
bag **COMME des GARÇONS**
shoes **Christian Louboutin**

denim **ZARA**
twin knit **Drawer**
bag **COMPILATION**
shoes **BIRKENSTOCK**
béret **CA4LA**

SPRING / 12LOOK

denim **BLACK BY MOUSSY**
coat **UNIQLO AND LEMAIRE**
cutsew **ENFÖLD**
shoes **Christian Louboutin**
cap **Deuxième Classe**

denim **JOURNAL STANDARD relume**
cutsew **agnès b.**
bag **CHANEL**
shoes **JIMMY CHOO**
hat **NIWET**

Hello spring

denim **AG**
jacket **Luftrobe**
gown **ZARA**
tee **GAP**
bag **vintage**
shoes **BEAUTY&YOUTH**

denim jacket **A.P.C.**
tee **MACPHEE**
pants **STELLA McCARTNEY**
bag **used(KIARIS)**
shoes **VALENTINO**
scarf **HERMÈS**

denim
forever...

denim **GOLDEN GOOSE**
DELUXE BRAND
knit **EN ROUTE**
bag **American Apparel**
shoes **UNITED ARROWS**
turban **muhlbauer**

denim **BLACK BY MOUSSY**
cutsew **Hanes**
cardigan **used(CHICAGO)**
bag **HERMÈS**
shoes **PELLICO**
sunglasses **Ray-Ban**

How do I look?

denim **VONDEL**
cardigan **J.Crew**
bag **MUUN**
shoes **VALENTINO**
sunglasses **Ray-Ban**

denim jacket **American Apparel**
knit **GALERIE VIE**
skirt **TOME**
bag **ZARA**
shoes **BALENCIAGA**

denim **Chimala**
jacket **ALLSAINTS**
blouse **MACPHEE**
bag **CHANEL**
shoes **MANOLO BLAHNIK**
glasses **OLIVER PEPLOES**
belt **Santa Monica**

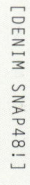

[DENIM SNAP48!]

SUMMER / 12LOOK

denim **LEVI'S(JANTIQUES)**
shirt **GREG LAUREN**
bag **Whim Gazette**
shoes **VALENTINO**
sunglasses **Ray-Ban**

like a boyfriend

denim **ZARA**
one-piece **MACPHEE**
bag **no brand**
shoes **annabaiguera**
cap **Ron Herman**

denim **Chimala**
tee **Maison Margiela**
bag **nook STORE**
shoes **Gianvito Rossi**
casquette **BURBERRY**
belt **Santa Monica**

no heels, no denim!

[DENIM SNAP481]

denim BLACK BY MOUSSY
tee GAP
vest used(CHICAGO)
bag VALENTINO
shoes MANOLO BLAHNIK
knitcap UNITED ARROWS

denim GOLDEN GOOSE
DELUXE BRAND
tee CONVERSE TOKYO
cardigan Edition
bag Salvatore Ferragamo
shoes MANOLO BLAHNIK

denim GALERIE VIE
knit Whim Gazette
shoes MARNI
sunglasses Ray-Ban

Love summer, Love denim

denim **FUMIKA UCHIDA**
blouse **Sweet Choice**
bag **LOUIS VUITTON**
shoes **repetto**
sunglasses **Ray-Ban**

denim **ZARA**
tee **Maison Margiela**
bag **vintage**
shoes **PRADA**
hat **LA CERISE SUR LE CHAPEAU**

denim **SOSO PHLANNEL**
shirt **MACPHEE**
bag **CHANEL**
shoes **Teva**
sunglasses **BLACK BY MOUSSY**

[DENIM SNAP48!]

OMG!!

denim jacket **Lee(Santa Monica)**
tank top **ATTII**
pants **no brand**
bag **Sweet Choice**
shoes **BIRKENSTOCK**
glasses **OLIVER PEOPLES**

denim **MADISONBLUE**
cutsew **Miller**
bag **HERMÈS**
shoes **repetto**

denim **LEVI'S**
one-piece **Luftrobe**
camisole **ZARA**
bag **CHANEL**
shoes **Havaianas**
béret **agnès b.**

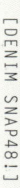

[DENIM SNAP48!]

denim **AG**
jacket **used(CHICAGO)**
blouse **ISABEL MARANT**
bag **BALENCIAGA**
shoes **MANOLO BLAHNIK**
sunglasses **Ray-Ban**

simple is the best

denim **BLACK BY MOUSSY**
jacket **BALLY**
tee **agnès b.**
bag **HERMÈS**
shoes **repetto**

denim jacket **GAP**
coat **BURBERRY**
tee **GAP**
pants **Theory**
bag **CHANEL**
shoes **CONVERSE**
turban **muhlbauer**

mixed style,
my style

denim **Whim Gazette**
cutsew **Le minor**
cardigan **Luftrobe**
bag **FENDI**
shoes **BIRKENSTOCK**

denim **LEVI'S(Santa Monica)**
knit **Drawer**
knit camisole **GALERIE VIE**
bag **ANTEPRIMA**
shoes **Sergio Rossi**
sunglasses **Ray-Ban**
belt **J&M DAVIDSON**

[DENIM SNAP48!]

denim jacket **MADISONBLUE**
cutsew **UNIQLO**
pants **used(KIARIS)**
bag **LOUIS VUITTON**
shoes **MINNETONKA**
casquette **CHANEL**

[DENIM SNAP481]

hurry up!
my sweetie

denim **TOPSHOP**
knit **DES PRÉS**
bag **COACH**
shoes **TOD'S**

denim **GAP**
jacket **GOLDEN GOOSE**
DELUXE BRAND
tee **MADONNA LIVE T 2016**
bag **CHANEL**
shoes **Christian Louboutin**
glasses **Ray-Ban**

denim **JOURNAL**
STANDARD relume
gown **PLST**
tee **GALERIE VIE**
bag **SAINT LAURENT**
shoes **Gianvito Rossi**
turban **UNITED ARROWS**

denim **SOMETHING**
jacket **LEVI'S/Santa Monica**
knit **A.P.C.**
bag **L.L.Bean**
shoes **PELLICO**
cap **J.Crew**

shooting day,
with denim

denim **GOLDEN GOOSE
DELUXE BRAND**
vest **AMERICAN RAG CIE**
knit **agnès b.**
bag **J&M DAVIDSON**
shoes **repetto**
sunglasses **Ray-Ban**

denim **BLACK BY MOUSSY**
knit **Drawer**
bag **CHANEL**
shoes **PELLICO**
hat **BLUE WORK**

[DENIM SNAP48!]

WINTER / 12LOOK

denim jacket **MADISONBLUE**
fur coat **MAX MARA weekend**
knit **EN ROUTE**
knit leggings **Maison Margiela**
bag **PRADA**
shoes **vintage**

denim **GALERIE VIE**
coat **Luftrobe**
knit **DRESSTERIOR**
V knit **Drawer**
bag **HERMÈS**
shoes **ALBELT ZAGO**
sunglasses **Ray-Ban**
stole **HERMÈS**

denim **Shinzone**
fur coat **Drawer**
knit **GALERIE VIE**
bag **TOPSHOP**
shoes **CONVERSE**
casquette **H&M**

I know I can never stop loving overall

It is the time to have lunch

denim **Lee**
knit jacket **RALPH LAUREN**
cutsew **Miller**
bag **HERMÈS**
shoes **FABIO RUSCONI**

[DENIM SNAP48!]

denim **FUMIKA UCHIDA**
knit coat **Luftrobe**
jacket **in KOREA**
knit **GALERIE VIE**
bag **LOEWE**
shoes **Christian Louboutin**

denim **GOLDEN GOOSE
DELUXE BRAND**
coat **UNITED ARROWS**
knit **agnès b.**
bag **MUJI**
shoes **BOEMOS**

denim always inspire me

denim LEVI'S(MELANGE)
coat LONDON TRADITION
knit GALERIE VIE
bag CHANEL
shoes ALBELT ZAGO
glasses OLIVER PEOPLES

denim LEVI'S(CHICAGO)
coat PLST
V cardigan A.P.C
cardigan agnès b.
bag swell
shoes HERMÈS
sunglasses BLACK BY MOUSSY

denim BLACK BY MOUSSY
coat JOURNAL STANDARD L'essage
sweat Drawer
bag menui
shoes JIMMY CHOO

denim bag **PRADA**
coat **muller of yoshiokubo**
V knit **Theory LUXE**
cutsew **Miller**
pants **Maison Margiela**
shoes **PHILIPPE MODEL**
fur stole **L'Appartement**
DEUXIÈME CLASSE

This is my favorite denim bag!

It's freezing... Let's go home

[DENIM SNAP48!]

denim jacket **Lee(Santa Monica)**
coat **Drawer**
knit **URBAN RESERCH DOORS**
skirt **ELIN**
bag **NIKE**
shoes **L'Appartement**
DEUXIÈME CLASSE
béret **agnès b.**

denim **ZARA**
jacket **PARAJUMPERS**
cutsew **HYKE**
bag **HERMÈS**
shoes **PRADA**
knit cap **UNITED ARROWS**
socks **BLONDOLL**

STAFF LIST

Photography
金谷章平
カバー、74〜77、90〜97、100〜107、110〜127

酒井貴生
P8〜17、20、28、37、44、52、68〜73、78〜81

渡辺修身（静物）
P2〜5、21〜27、29〜35、36、38〜43、45〜51、53〜67、78〜81

Hair&Make-up
木部明美（PEACE MONKEY）
カバー、P8〜17、20、28、37、44、52、68〜73、74〜77、78〜81、100〜107、127

川嵜 瞳（PEACE MONKEY）
P110〜125

Illustration
Junmarie

Art Direction&Design
COSTA MESSA

Editor
杉浦由佳子

Manegement
下村曜介　小瀧諒（f-me）

Profile

金子 綾／1979年生まれ。「Oggi」「VERY」をはじめ、数々の女性誌で活躍する
スタイリスト。シンプルでベーシックな服の魅力を最大限に引き出してつくる、女
らしくてキレ味のいいスタイルが得意。また、上品でこなれた配色センスも絶妙で
支持を集める。プライベートファッションをアップするインスタグラムは60k超。
職人気質で姉御肌な人柄。著書に「a nuance」（小学館）がある。

Not Mania! THE DENIM BOOK （検印省略）

2016年6月17日　第1刷発行

著　者　金子　綾（カネコ　アヤ）
発行者　川金　正法

発　行　株式会社KADOKAWA
　　　　〒102-8177　東京都千代田区富士見2-13-3
　　　　0570-002-301（カスタマーサポート・ナビダイヤル）
　　　　受付時間 9：00〜17：00（土日 祝日 年末年始を除く）
　　　　http://www.kadokawa.co.jp/

落丁・乱丁本はご面倒でも、下記KADOKAWA読者係にお送りください。
送料は小社負担でお取り替えいたします。
古書店で購入したものについては、お取り替えできません。
電話049-259-1100（9：00〜17：00／土日、祝日、年末年始を除く）
〒354-0041　埼玉県入間郡三芳町藤久保550-1

印刷・製本／大日本印刷